# Gorgonas

**Grace Hansen**

Abdo Kids Jumbo es una subdivisión de Abdo Kids
abdobooks.com

**abdobooks.com**

Published by Abdo Kids, a division of ABDO, P.O. Box 398166, Minneapolis, Minnesota 55439.

Abdo Kids Jumbo™ is a trademark and logo of Abdo Kids.

Printed in China

102025

012026

Spanish Translator: Maria Puchol

Photo Credits: Alamy, Depositphotos Enterprise, Getty Images, Granger Collection, Shutterstock

Production Contributors: Teddy Borth, Jennie Forsberg, Grace Hansen
Design Contributors: Candice Keimig, Pakou Moua

Library of Congress Control Number: 2025942217

Publisher's Cataloging-in-Publication Data

Names: Hansen, Grace, author.

Title: Gorgonas/ by Grace Hansen

Other title: Gorgons. Spanish

Description: Minneapolis, Minnesota: Abdo Kids, 2026. | Series: El mundo de los seres mitológicos | Includes online resources and index.

Identifiers: ISBN 9798384909002 (lib.bdg.) | ISBN 9798384909583 (ebook)

Subjects: LCSH: Gorgons (Greek mythology)--Juvenile literature. | Mythical animals--Juvenile literature. | Folklore--Juvenile literature. | Legends--Juvenile literature. | Spanish Language Materials--Juvenile literature.

Classification: DDC 398.2454--dc23

# Contenido

## El mito de la gorgona

Las gorgonas son criaturas mitológicas. "Gorgona" viene de la antigua palabra griega *gorgónes* que significa **tétrico**, terrible.

## Homero y Hesíodo

Los antiguos griegos contaban historias terroríficas sobre gorgonas. El poeta griego Homero describió una gorgona en sus textos. Este monstruo vivía en el **inframundo**.

Más tarde, el poeta griego Hesíodo describió a tres de ellas, Esteno, Euríale y Medusa. Eran hijas del dios Forcis y la diosa Ceto.

ARCHITEKTUR

En las historias de Hesíodo, Medusa era **mortal**. Sus hermanas eran inmortales, vivirían para siempre.

## Aspecto y su historia

Según algunos relatos, Medusa era muy hermosa. Aunque otras historias cuentan que tenía unos espantosos colmillos, dientes afilados y una lengua bífida.

Muchas de las historias coinciden en que la diosa Atenea enfadada con Medusa, le convirtió el pelo en serpientes. Además de hacer que todo el que miraba a Medusa se convertía en piedra.

La historia más famosa sobre Medusa está conectada con su muerte. Se pidió al héroe griego Perseo que le cortara la cabeza.

BENVENVTVS

Cuando Perseo le cortó la cabeza a Medusa, de ella salieron dos criaturas. Pegaso, un caballo alado, y **Crisaor**.

## Pasado y presente

Los soldados griegos usaron la imagen de Medusa en sus batallas. Ponían su cara en los cascos y escudos para sentirse protegidos contra sus enemigos. Hoy en día, Medusa puede admirarse en el arte griego antiguo.

# Otras criaturas de la mitología griega

# Glosario

**Crisaor** – hijo de Medusa y Poseidón y hermano de Pegaso. A veces se le describe como un gigante o un jabalí alado.

**inframundo** – en la mitología griega, reino separado al que un ser va después de la muerte.

**mortal** – que no vive para siempre, que puede morir.

**tétrico** – maligno, aterrador, que da mucho miedo.

# Índice

¡Visita nuestra página **abdokids.com** para tener acceso a juegos, manualidades, videos y mucho más!

*Los recursos de internet están en inglés.*

Usa este código Abdo Kids

**WGK8596**

¡o escanea este código QR!